LE SABLE ET L'ÉCUME

« *Spiritualités vivantes* »

KHALIL GIBRAN

LE SABLE ET L'ÉCUME

Livre d'aphorismes

Préface
de Jean-Pierre Dahdah

Traduit de l'anglais
par Jean-Pierre Dahdah
et Marÿke Schurman

Albin Michel

Collection « *Spiritualités vivantes* »
fondée par Jean Herbert
Nouvelles séries dirigées par
Marc de Smedt

ISBN : 2-226-04921-5
ISSN : 0755-1835

A Byblos qui épancha
ses notes cristallines de l'Alphabet,
ses grains de *sable*
chevauchant les brisants.

A Tyr qui écoula un flot de pourpre
pour feindre en ce jour
le dard de l'Histoire,
l'*écume* sanguinolente du reflux.

Préface

Le Prophète, succès mondial et chef-d'œuvre absolu, est l'un des rares livres qui donne un sens à notre vie [1] et qui tente d'en dévoiler le saint visage.

Il est indéniable que Khalil Gibran conquiert toujours les esprits de tous âges par cet ouvrage émaillé de magie dans le verbe et de génie dans la métaphore.

Toutefois avons-nous jugé nécessaire de faire poindre l'aube sur la forêt cachée par cet Arbre, sur ses autres œuvres qui jusqu'alors n'ont pas été effleurées par la langue de

---

1. Gibran Khalil, *Le Prophète,* présenté et traduit par Marc de Smedt, collection « Spiritualités vivantes », Albin Michel, Paris, 1990.

Molière et qui sont restées dans l'ombre du *Prophète*, ce Cèdre qui, certes, préserve l'âme de la corruption, mais aussi dissimule par sa grandeur tout un pays derrière lui, le pays de la Cendre et du Sang où sévit l'innommable, le Liban.

Pendant que le Prophète écrivait à Gibran, lequel écrivait *le Prophète*, des « miettes de ses mots seraient tombées du festin de son esprit » qui, après avoir été transies et brûlées, ont fini par renaître dans les mains de Gibran, une poignée de *Sable* et une autre d'*Ecume*. Ce livre de pensées, ou d'aphorismes, publié en 1926, résume l'esprit de Gibran à travers les trois périodes de son œuvre : *The Madman* (1918), *The Forerunner* (1920), *The*

Prophet (1923), avec un léger accent sur la troisième. Autrement dit, l'ironie du « Fou », le pessimisme du « Précurseur » et la révolte du « Prophète » y obtiennent droit de cité.

A en croire Barbara Young, son amie poétesse et sa biographe, il semble que c'est à elle que revienne le mérite de la composition de ces aphorismes à quatre dimensions, la quatrième étant « hors-temps qui n'est rien d'autre qu'un mot qui désigne le temps sans bornes, sans limites[2] ». Elle aurait voulu réunir en un seul volume des notes éparses se

2. Young Barbara, *This Man from Lebanon : A Study of K. Gibran*, A. Knopf, New York, 1931, p. 88.

trouvant un peu partout dans la demeure du poète-prophète, et des sentences que ce dernier prononçait de temps à autre, sentences dont la valeur n'est guère inférieure au meilleur de son œuvre écrite. Gibran aurait d'abord ridiculisé l'idée, mais fini par l'accepter. « Il y a là, lui objectait-il, trop de sable et d'écume[3]. » Il voyait déjà dans cette expression un titre possible. Ainsi Gibran passait à Mlle Young « un bout de programme de théâtre, un morceau du fond d'un paquet de cigarettes, une enveloppe déchirée sur lesquels il avait écrit[4] ». Et le petit volume se serait ainsi constitué.

3. *Ibid.*, p. 283-285.
4. *Ibid.*, p. 86-87.

Il semble, cependant, que le mérite ne revienne pas exclusivement à Mlle Young. Déjà auparavant, on en entend parler : « Tu sais, Mary, où que je sois, je porte sur moi de quoi écrire et de tout ce que j'ai écrit je n'ai rien jeté. Ainsi, j'ai une pile de petits mots, je les conserve soigneusement pour toi[5]. » Quatre mois plus tard, on lit dans le journal de son amie intime, Mary Haskell : « Nous avons rassemblé par écrit un grand nombre de ses maximes rédigées en anglais dans son carnet et en arabe sur des bouts de papier[6]. »

5. Hilu Virginia, *Beloved Prophet : The Love Letters of Khalil Gibran and Mary Haskell and Her Private Journal*, A. Knopf, 1972, p. 325 (date 17 avril 1920).
6. *Ibid.*, p. 340 (date 31 août 1920).

D'ailleurs, dans la version arabe de *Sand and Foam* traduite de son vivant, nous notons une dédicace de Gibran attribué à Mary Elisabeth Haskell, dont voici la traduction :
« *A celle qui contemple le soleil*
Avec un regard d'aigle,
Celle qui empoigne le feu
De ses doigts décidés,
Celle qui, au-delà des cris
Et du vacarme des aveugles,
Sait écouter la mélodie de l'âme
En la plénitude de l'Universel.
A M.E.H.,
J'élève ce livre »

L'éminent écrivain libanais Mikhaïl Naimy, ami intime de Gibran, nous dit : « Grand nombre de ces maximes ont d'abord été écrites en arabe et Gibran a dû les traduire par la suite[7]. »

Pour mener à bien cette traduction, nous avons dû travailler et sur le texte original écrit en anglais, et sur le texte traduit en arabe de son vivant. Or, nous avons constaté que bien des maximes n'auraient pu être si parfaitement traduites. L'esprit de la langue arabe y ressort d'une manière tellement

7. Naimy Mikhaïl, *Gibran Khalil Gibran : sa mort, son œuvre et son art*, Moua'ssasat Nawfal, Beyrouth, 1974, p. 229-230.

flagrante dans les expressions et dans les
rimes qu'elles ne pouvaient être écrites à
l'origine qu'en sa langue maternelle.

Gibran est l'un des rares écrivains qui soient
parvenus à s'exprimer avec un égal bonheur
dans deux langues : celle de ses ancêtres et
celle de son pays d'accueil. Outre ses publi-
cations en anglais, il a écrit une dizaine
d'ouvrages en langue arabe qui ont connu un
vif succès dans le giron littéraire du Moyen-
Orient. Avec une pléiade d'écrivains syro-
libanais émigrés aux Etats-Unis, il a fondé,
en 1912, une ligue littéraire appelée « le
Cénacle de la Plume ». Toutefois, que ce soit
en anglais ou en arabe, Gibran a su marquer
la langue par sa personnalité en créant un

style nouveau, style qui révolutionna l'arabe et qui contribua à l'évolution du romantisme anglais, un romantisme plutôt psalmodique, voire satirique, aux couleurs levantines.

Au début de ce siècle, le nationalisme arabe politique était doublé d'un mouvement réformateur en littérature qui vint mettre fin à cette léthargie de la langue arabe longtemps bridée par un conformisme durci et sclérosée dans des thèmes surannés. Gibran est l'un des fervents précurseurs qui, par sa veine philosophico-poétique, a rompu avec cette littérature d'approbation.

Sa demeure, située au 51 West Tenth Street, à New York, était le lieu de réunion du Cénacle et l'ermitage de ses pensées ; le

Cénacle l'aidait à parfaire ses écrits arabes, contribuant par ses agapes à la renaissance de la langue du Coran pour la rebaptiser « arabe du XXᵉ siècle ». L'ermitage, le logis de la « huitième note », nourrissait ses écrits anglais de ce souffle énigmatique et spirituel de l'Orient, apportant une note mystique, le « silence » dans un monde affairé.

Le Sable et l'Ecume

Ce livre est une compilation de maximes qui n'est pas sans rappeler celles de La Rochefoucauld, de William Blake ou de Nietzsche, chacune pouvant sous-tendre un sujet de méditation intellectuelle.

Ces 322 maximes appartiennent à des sujets divers et sont, par le fait même, difficiles à classer selon un ordre logique déterminé. D'autant plus qu'elles sont moulées en des formes poétiques où se mêlent le religieux, le social, le philosophique, l'éthique et l'esthétique. C'est un mélange de variations sur le temps et l'espace, la solitude et autrui, la liberté et la servitude, le crime et le pardon, la joie et la tristesse, l'amour et la haine, Jésus de Nazareth et Jésus des Chrétiens [8], le moi-

8. Signalons la traduction d'un autre ouvrage de Khalil Gibran, *Jésus fils de l'Homme*, Albin Michel, collection « Paroles vives », Paris, 1990.

divin et le moi-pygmée, et enfin cet autre moi avide de désirs...

Le leitmotiv de cet ouvrage est le thème de la morale. Qu'est-ce qu'une maxime si ce n'est une règle morale ou, selon Montesquieu, un « proverbe des gens d'esprit ». Vient s'y ajouter l'esprit philosophique propre à ce poète-prophète. Puis, le moi, cet être qui aspire à désirer et à réaliser tel un fragment qui tend vers l'absolu.

Contrairement à la tendance nietzschéenne que nous rencontrons dans la plupart de ses écrits, nous voyons Gibran s'attaquer aux forts qui s'acharnent sur un seul homme. « Combien noble, dit-il, est celui qui ne veut être ni maître ni esclave. » Cette comparaison devient plus marquée encore : « Mon Dieu, fais que je sois la proie du lion avant de faire du lapin ma proie. »

Il évoque l'esclavage et la servitude en montrant que leur existence n'a pas été vaine car les forts ont « bâti des tours avec nos ossements ».

Les hommes sont tous des « mendiants à la porte du temple ». Gibran incite à la charité, à la pitié et à la générosité de l'âme. L'altruisme y atteint parfois une casuistique presque mystique et une tendance qui réduit à l'unité morale les antagonismes et les contraires : richesse et pauvreté, péché et prière, bien et mal, nécessité et luxe : « Celui qui peut mettre le doigt sur ce qui sépare le bien du mal est celui-là même qui peut toucher les pans de la toge de Dieu. »

Il suffit de se connaître soi-même pour se sentir incapable de distinguer poursuivant et poursuivi, coupable et innocent. Après avoir atteint le cœur même de la vie, l'homme constate qu'il « n'est pas moins vil qu'un criminel, ni moins noble qu'un prophète ». C'est ainsi que nous nous ressemblons dans nos erreurs et nos vertus.

Tout est relatif : « La vertu la plus sublime dans ce monde est peut-être la plus infime ailleurs. » L'auteur s'élève jusqu'à l'idée universelle, « Nous ne devons rien à un homme, mais nous devons tout à tout le monde », en s'élevant au-dessus des contrées, des races, des considérations individualistes de soi pour « devenir pareil à Dieu ».

Le prélude de cet ouvrage annonce une pensée philosophique exprimant par métaphores la relation du fini, dans le processus du changement universel, et de l'infini immuable. Le fini, cependant, n'est qu'un fragment de la totalité, mais qui comprend également toute l'essence de la totalité : « Je suis la sphère et la vie entière se meut en moi, en fragments rythmés » ; « Je suis la mer infinie ; et les univers réunis ne sont, sur mon rivage, que grains de sable. » Le grain est en perpétuel devenir, attiré vers l'infini par le phénomène de la nostalgie. « La racine est une fleur qui dédaigne la gloire »

et la vie en elle-même contient la mort.
La première pensée de Dieu fut un Ange, son
premier verbe fut l'Homme. »

Dieu, dans son immensité, dans sa « soif bénie »
absorbe l'existence ; il est la source et la mer.
Pour exprimer cette tendance panthéiste,
l'auteur a souvent recours au symbole chao-
tique de la brume. C'est d'elle que tout sort
pour se mouler dans une forme ; et en elle
tout revient, après la métamorphose que
subit tout être. L'actuel est la projection d'un
potentiel antérieur, et est également le nouveau potentiel d'une existence qui sera
engendrée par lui.

A ce principe panthéiste se rattache le problème du moi. Dans sa nostalgie métaphysique, le moi s'efforce, au cours de ses vies successives, de réaliser son existence plénière en devenant planète pensante. Dans son chemin vers l'avenir, le moi porte avec lui son passé, mais en fait il n'y a ni passé, ni avenir, il y a la métamorphose du présent. Aussi dit-il qu'entre l'imagination et la réalisation, « il est chez l'homme un espace qui ne peut être franchi que par son ardeur », désir par lequel l'être prend son essor vers l'infini, qui est son « être suprême ».

En se servant de l'allégorie platonicienne du soleil et de l'ombre, « Tu ne vois que ton ombre lorsque tu tournes ton dos au soleil », Gibran insiste sur le fait que ce que le moi ne peut atteindre est bien plus cher que ce qu'il a déjà atteint. Cet éternel voyage dans « l'océan incommensurable » de l'infini rend fréquent chez lui le symbole du moi « navigateur, voyageur, explorant » en lui-même un nouveau continent, jusqu'à ce qu'il regagne « la Montagne Bénite ». Mais cette découverte ne peut atteindre son terme. Et chaque soif étanchée éveille une soif plus grande encore.

Un des autres grands thèmes est le miroir de sa vie, non pas d'écrivain, mais de peintre : l'esthétique, reflet de la nature dans sa main. Elle fait peindre les mots de ses écrits et fait rimer les couleurs de ses toiles.

L'auteur énonce certaines considérations esthétiques qui sont loin de former un système. Il nous entretient de « la magie d'aimer ceux qui te liront », de « l'art sans fard », de « l'extase devant un poème non écrit ». La poésie, chant de douleur d'une blessure qui saigne d'une « bouche en sourire », est un « flot de joie, de douleur et de merveilles avec un brin d'alphabet ». C'est aussi l'enchantement du cœur et de l'esprit. Les mots, nous dit-il, sont « éternels » et sont des « miettes tombées du festin de l'esprit ».

Il considère enfin que la beauté de l'art conduit à la délivrance et à la liberté et qu'il n'est de « religion ni de science sans esthétique ».

Nous vous invitons à prendre connaissance de l'introduction que Gibran a écrite en 1926 et qui figure dans la version arabe de Antonios Bachir dont voici la traduction :

Ce petit livre n'est qu'une poignée de sable et une autre d'écume.
Bien que dans ses grains de sable j'aie semé les grains de mon cœur et que sur son écume j'aie versé la quintessence de mon âme, ce recueil est, et restera à jamais, plus près du rivage que de la mer, du désir limité que du désir accompli dont l'ardeur ne peut être limitée par les mots.
Dans le cœur de tout homme et de toute

*femme, il est un peu de sable et un peu
d'écume. Mais certains d'entre nous livrent ce
qui demeure caché dans le plumage de leurs
cœurs, d'autres en éprouvent de la honte.
Quant à moi, je n'en rougis point.*

*Gibran Khalil Gibran
New York, déc. 1926*

« Voici un portrait du cœur de l'homme »,
annonce La Rochefoucauld en tête de la
première édition de ses *Maximes* (1664). Il
espérait en recueillir la bonne foi d'un lecteur
qui ne refuse pas de se mettre en question, ce
qui n'était pas peu demander car, dit-il, « ce
qui fait tant disputer contre les maximes qui

découvrent le cœur de l'homme, c'est que l'on craint d'y être découvert[9] ». Quant aux maximes de Gibran, sauront-elles être ce miroir dont le tain n'est que brin de paroles simples et pures, et dans lequel nos cœurs ouverts et confiants s'épanchent dans la sagesse de ce poète-prophète !

Jean-Pierre DAHDAH

9. La Rochefoucauld, *Maximes et Réflexions diverses*, Garnier-Flammarion, Paris, 1977, p. 103, numéro 19.

Le Sable et l'Écume

De tout temps je marche sur ces rivages,
Entre sable et écume.
Le flux efface l'empreinte de mes pas,
Et le vent emporte l'écume.
Mais la mer et le rivage demeurent
A tout jamais.

Un jour j'emplis la main de brume.
Puis je l'ouvris.
Voici que la brume devint chenille.
Je fermai la main et je l'ouvris,
Voilà que la chenille devint oiseau.
De nouveau, je la fermai et je l'ouvris,
dans son creux se tenait un homme,
le visage triste et élevé.

Et une fois de plus, je fermai la main,
lorsque je l'ouvris,
il n'y avait que brume.
Cependant, j'entendis une mélodie d'une
douceur extrême.

Ce n'est qu'hier que je m'imaginai dans la
sphère de la vie tel un fragment frémissant
sans rythme.
Aujourd'hui, je sais que je suis la sphère et
que la vie entière se meut en moi, en
fragments rythmés.

Dans l'éveil, ils me disent :
« Toi, et le monde dans lequel tu vis, n'êtes qu'un grain de sable sur le rivage immense d'une mer infinie. »
Dans mon rêve, je leur dis :
« Je suis la mer infinie, et les univers réunis ne sont, sur mon rivage, que grains de sable. »

Une seule fois, je ne pus répondre à celui qui m'interpella : « Toi, qui es-tu ? »

La première pensée de Dieu fut un Ange.
Le premier verbe de Dieu fut l'Homme.

Nous n'étions que créatures errantes, papil-
lonnantes et désirantes, il y a bien des
millénaires, avant que mers et vents ne nous
apprennent le verbe.

Comment pouvons-nous, à présent, exprimer la nuit des temps enfouie en nous par les
seuls balbutiements de ce passé si récent ?

Le Sphinx parla seulement une fois, et le
Sphinx dit :

    « Un grain de sable est un désert,
    un désert est un grain de sable.
    A présent, regagnons le silence. »

J'entendis le Sphinx, mais ne le compris
point.

Un beau jour, je regardai le visage d'une
femme, j'y vis tous ses enfants pas encore
nés.
Un autre jour, une femme fixa du regard
mon visage, elle y reconnut tous mes aïeux
morts avant qu'elle-même ne fût née.

Je désire ardemment me réaliser.
Mais comment le pourrai-je sinon devenir
une planète animée de vies intelligentes ?
Ceci n'est-il pas l'idéal de tout être ?

Une perle est un temple édifié par la douleur autour d'un grain de sable.

Quelle passion édifia nos corps et autour de quels grains ?

Lorsque Dieu me lança tel un caillou dans ce lac fabuleux, je troublai la surface de l'eau en d'innombrables ondes.

Mais quand j'atteignis les profondeurs, je devins coi.

Accorde-moi le silence et j'affronterai la nuit.

Je vécus une deuxième naissance lorsque mon corps et mon âme s'unirent dans l'amour.

Jadis, je connus un homme dont l'ouïe était fine, mais il était muet. Il avait perdu la parole lors d'une bataille.
Je sais désormais les batailles qu'il a livrées avant que ne survienne le silence. Sa mort m'apaise.
Car ce monde ne peut nous contenir tous deux.

Longtemps j'étais étendu dans la poussière de l'Egypte, silencieux et oublieux des saisons.

Puis le soleil me fit naître ; je m'élevais et je marchais sur les rives du Nil,

chantant avec les jours et rêvant avec les nuits.

A présent, le soleil me foule de ses mille rayons me laissant à nouveau étendu dans la poussière.

Admirez, miracles et énigmes !

Ce même soleil qui m'a rassemblé ne peut me disperser.

Me voilà donc toujours debout, longeant le Nil d'un pied ferme.

Se souvenir, c'est en quelque sorte se rencontrer.

Oublier, n'est-ce pas là une forme de liberté !

Nous, nous mesurons le temps en fonction du mouvement d'innombrables soleils ; quant à eux, ils le mesurent à l'aide de petites machines cachées dans leurs petites poches. Alors dites-moi, comment pourrons-nous nous rencontrer au même endroit, au même moment ?

L'espace n'est point ce qui sépare la terre du soleil aux yeux de celui qui se penche pour regarder par les fenêtres de la Voie Lactée.

L'humanité est un fleuve de lumière qui s'écoule des vallées de la Création jusqu'à l'océan de l'Eternité.

Les esprits habitant l'éther n'envient-ils pas sa douleur à l'homme ?

Sur le chemin de la Cité Sainte, je croisai un pèlerin et lui demandai : « Est-ce bien le chemin de la Cité Sainte ? »

« Suis-moi, dit-il, et tu l'atteindras dans un jour et une nuit. »

Je le suivis. Et nous marchâmes plusieurs jours et plusieurs nuits, sans jamais y parvenir.

Et quelle ne fut ma surprise lorsqu'il s'emporta contre moi de m'être laissé fourvoyer.

Mon Dieu, fais que je sois la proie du lion avant de faire du lapin ma proie.

Nul ne peut atteindre l'aube sans passer par le chemin de la nuit.

Ma maison me dit :
« Ne me quitte pas, ton passé est ici. »
La route me dit :
« Viens, suis-moi, je suis ton avenir. »
Et je leur dis :
« Je n'ai ni passé ni avenir.
Dans sa maison du passé,
le moi aspire à l'avenir.
Dans son chemin vers l'avenir,
le moi porte avec lui son passé.
Seuls l'amour et la mort peuvent tout changer. »

Comment puis-je perdre la foi en la justice de la vie, quand les rêves de ceux qui dorment dans des couches de plumes ne sont guère plus beaux que les rêves de ceux qui dorment à même la terre ?

Comme c'est étrange ! Le désir pour certains plaisirs fait partie de ma douleur.

A sept reprises, j'ai réprimandé mon âme : La première fois, quand je la vis se faire humble pour atteindre les hauteurs.

La deuxième, lorsque je la vis feindre de boiter devant les impotents.

La troisième, ayant le choix, elle préféra la facilité à la difficulté.

La quatrième, s'étant trompée, elle se consola avec les erreurs des autres.

La cinquième, lorsqu'elle s'abstint par lâcheté, en attribuant sa patience à sa force.

La sixième, au moment où elle méprisa la laideur d'un visage en ignorant que c'était l'un de ses propres masques.

Et la septième fois, quand elle chanta des louanges qu'elle considéra comme vertus.

J'ignore la vérité absolue.
Je suis humble devant mon ignorance.
Là, résident mon honneur et ma récompense.

Entre imagination et réalisation, il est chez l'homme un espace qui ne peut être franchi que par son ardeur.

Le paradis est là, derrière cette porte, tout à côté, mais j'ai perdu la clef.
Peut-être l'ai-je tout simplement égarée.

Tu es aveugle. Je suis sourd-muet.
Que ta main touche la mienne et que la
communication soit.

La signification de l'homme ne réside pas en
ce qu'il atteint,
mais plutôt en ce qu'il brûle d'atteindre.

Certains d'entre nous sont encre, d'autres
papier.
Si ce n'était pour la noirceur des uns, nous
serions muets.
Si ce n'était pour la blancheur des autres,
nous serions aveugles.

Prête-moi l'oreille, je te donnerai la voix.

Notre esprit est roche, notre cœur est ruisseau.
N'est-il pas étrange que la plupart d'entre nous choisissent de recueillir l'eau plutôt que de la laisser s'écouler ?

Lorsque tu implores une grâce
ne sachant point sa nature,
et lorsque tu es envahi d'une tristesse
dont tu ignores la raison,

alors ton être grandit
avec tout ce qui grandit,
et tu t'élèves vers ton être suprême.

Lorque l'homme s'enivre d'une vision,
la première esquisse déjà le grise,
vin somptueux.

Tu bois du vin afin de t'enivrer.
Je bois pour faire passer l'ivresse de cet autre
vin.

Ma coupe est vide, je me résigne.
Elle est à demi pleine, je refuse de la voir à
demi vide.

La réalité d'autrui ne peut résider en ce qu'il
te révèle.
Ainsi, si tu parviens à le comprendre,
n'écoute pas ce qu'il dit, mais écoute plutôt
ce qu'il ne dit.

La moitié de ce que je dis est dénué de sens,
mais je le dis afin que l'autre moitié puisse
t'atteindre.

Le sens de l'humour est un sens propor-
tionné.

Ma solitude naquit, lorsque les hommes
louèrent le verbiage de mes défauts
et blâmèrent le silence de mes vertus.

Lorsque la vie ne trouve pas d'artiste
pour chanter son cœur,
elle fait naître un philosophe
pour parler raison.

Il faut toujours connaître la vérité,
et parfois la dire.

Le réel en nous est silence ;
l'acquis est tumulte.

La voix de la vie en moi ne peut atteindre
l'oreille de la vie en toi.
Parlons afin de peupler notre solitude.

Lorsque ensemble deux femmes causent,
elles ne disent presque rien.
Quand seule une femme parle, elle révèle la
vie.

La grenouille coasse peut-être plus fort que ne beugle le taureau, mais elle ne peut traîner le soc dans les champs ni tourner la roue du pressoir, et avec sa peau l'homme ne se chausse.

Seuls les muets envient les bavards.

Si l'hiver disait,
le printemps est dans mon cœur,
qui croirait l'hiver !

Toute graine est aspiration.

Ouvre l'œil et regarde,
tu verras ton visage dans tous les visages.
Tends l'oreille et écoute,
tu entendras ta propre voix dans toutes les
voix.

Il faut être deux pour découvrir la vérité :
l'un pour la dire,
l'autre pour la comprendre.

Bien que des flots de mots
nous inondent sans relâche,
dans les profondeurs de notre moi,
le silence règne à jamais.

Bien des doctrines se dressent telle une vitre
qui, à travers elle, nous permet de voir la
vérité, mais s'y interpose aussi.

A présent, jouons à cache-cache.
Si tu devais te cacher en mon cœur, il serait
aisé de te trouver.
Mais si tu devais te cacher en ta propre
coquille, alors il serait inutile que quiconque
te cherche.

Une femme peut se voiler le visage d'un sourire.

Combien noble est le cœur malheureux
qui chante l'air heureux
des cœurs joyeux.

Quiconque désire comprendre la femme, ou disséquer le génie, ou dévoiler le mystère du silence sera cet homme qui se réveille d'un rêve sublime pour prendre son petit déjeuner.

Je vais au rythme de ceux qui marchent.
Je ne reste point immobile à regarder défiler
la procession.

Tu dois son pesant d'or
à celui qui te sert.
Comble-le de faveurs
ou donne-lui de ton cœur.

Non, nous n'avons pas vécu en vain.
N'ont-ils pas bâti des tours de nos ossements ?

Ne nous attardons pas sur des vétilles et des arguties. L'esprit du poète et le dard du scorpion ne s'élèvent-ils pas avec gloire de la même terre ?

Tout dragon engendre un saint Georges qui le terrasse.

Les arbres sont des poèmes que la terre dessine dans le ciel. Nous les abattons et les transformons en papier afin d'y tracer l'empreinte de notre vide.

Si tu éprouves le désir d'écrire, et nul autre que l'Esprit n'en détient le secret, tu dois maîtriser connaissance, art et magie :
la connaissance des mots et leur mélodie,
l'art d'être sans fard,
et la magie d'aimer ceux qui te liront.

Ils trempent leurs plumes dans nos cœurs et prétendent qu'ils sont inspirés.

Si un arbre devait écrire sa biographie, l'histoire de cet arbre ressemblerait à l'histoire d'une race.

Si j'avais à choisir entre l'art d'écrire un
poème et l'extase devant un poème non écrit,
je choisirais l'extase.
C'est une poésie meilleure.
Mais toi et tous mes proches voulez toujours
que je sois dans l'erreur.

La poésie n'est pas une opinion exprimée.
C'est une mélodie qui s'élève
d'une plaie béante
ou d'une bouche en sourire.

Les mots sont éternels.
Convaincu de leur éternité, tu dois les dire
ou les écrire.

Un poète est un roi déchu.
Assis parmi les cendres de son palais,
il tente d'en faire renaître
une toile de paroles.

La poésie est un flot
de joie, de douleur et de merveilles
avec un brin d'alphabet.

Le poète est en quête perpétuelle de la note
cristalline de son cœur.

Un jour je dis à un poète :
« Tu ne seras apprécié qu'après ta mort. »
Il me répondit :
« Oui, la mort révèle toujours la vérité.
Et si en réalité tu désires connaître ma valeur,
sache que mon cœur inonde
bien plus que ma langue,
et que mon désir épanche
bien plus que ma main. »

Si tu chantes la beauté, même dans la solitude
du désert, tu trouveras une oreille attentive.

3

La poésie est une sagesse
qui enchante le cœur.
La sagesse est une poésie
qui chante dans l'esprit.
Si nous pouvons à la fois
enchanter le cœur de l'homme
et chanter dans son esprit,
il vivra alors dans l'ombre de Dieu.

L'inspiration chante toujours.
L'inspiration n'explique jamais.

Nous chantons souvent des berceuses à nos enfants afin que, nous-mêmes, puissions dormir.

Tous nos mots ne sont que miettes qui tombent du festin de notre esprit.

La pensée est toujours la pierre d'achoppement de la poésie.

Le vrai chantre est celui qui chante nos silences.

Comment peux-tu chanter
la bouche pleine d'aliments ?
Comment oses-tu bénir
la main pleine d'ornements ?

Pour chanter sa mélodie d'amour le rossignol se perce la poitrine d'une épine.
Il en est de même pour nous tous.
Comment pourrions-nous chanter autrement ?

Le génie n'est que le chant du rouge-gorge à l'aube d'un printemps indolent.

L'esprit le plus ailé ne peut échapper aux envies de la vie.

Le dément n'est pas moins musicien que vous et moi, mais les notes de sa démence trahissent une légère dissonance.

La mélodie qui repose en silence au fond du cœur de la mère est fredonnée sur les lèvres de son enfant.

Aucun désir ne demeure insatisfait.

Je n'ai jamais été en accord total avec mon autre moi-même.
Il semble que la vérité se cache quelque part entre nous.

Ton autre toi-même a toujours pitié de toi.
Cependant, il se nourrit de cette pitié.
Tout est bien.

Il n'y a point de lutte entre l'âme et le corps,
si ce n'est dans les pensées de ceux dont
l'âme est indolente et le corps est dissonant.

Lorsque tu atteindras le cœur de la vie, tu
trouveras la beauté en toutes choses, même
dans les yeux insensibles à la beauté.

Nous ne vivons que pour découvrir la beauté. Tout le reste n'est qu'attente.

Sème une graine, la terre te donnera une fleur.
Elève ton rêve jusqu'au ciel et le ciel te rendra ton être aimé.

Satan est mort le jour où tu es né.
A présent, tu ne dois plus passer par l'enfer pour aller à la rencontre d'un ange.

Combien de femmes empruntent le cœur de
l'homme.
Rares sont celles qui peuvent le posséder.

Si tu désires posséder,
point n'est besoin de solliciter.

Lorsque la main d'un homme
effleure la main d'une femme,
tous deux touchent à l'éternité.

L'amour est le voile entre aimé et amant.

Tout homme aime deux femmes :
l'une est création de son imagination,
l'autre n'est pas encore née.

L'homme qui ne pardonne pas à la femme
ses légers défauts ne jouira jamais de ses
sublimes vertus.

L'amour qui ne se renouvelle tous les jours
devient habitude et tombe en esclavage.

Les amants s'embrassent.
En fait, ils embrassent ce qui les unit.

L'amour et le doute ne se rencontrent jamais.

L'amour est une parole de lumière,
écrite d'une main de lumière,
sur une page de lumière.

L'amitié est toujours une douce responsabi-
lité, jamais une opportunité.

Si tu ne comprends pas ton ami en toutes
circonstances, jamais tu ne le comprendras.

Ton plus bel habit est tissé par autrui.
Ton mets le plus savoureux est celui que tu
manges à la table d'autrui.
Ton lit le plus confortable se trouve dans la
maison d'autrui.
Alors, dis-moi, comment peux-tu te séparer
de lui ?

Ta pensée et mon cœur ne peuvent vivre en
harmonie tant que tes pensées ne cessent
d'être versées dans les chiffres et mon cœur
ne cesse de s'épancher dans la brume.

Puissions-nous nous ouvrir l'un à l'autre, et
n'avoir du langage que les sept clefs :
       « Amour, prends-moi.
    Prends-moi, Beauté.
    Prends-moi, Terre.
    Je te prends,
    Amour, Terre, Beauté.
    Je prends
    Dieu. »

Comment mon cœur peut-il se dévoiler sans
être brisé ?

Seule une grande peine ou une grande joie
peuvent révéler ta vérité.
Si tu désires être révélé, tu dois danser nu au
soleil ou porter ta croix.

Si la nature entrave tous nos sentiments de
contentement, aucune rivière ne cherchera la
mer, et aucun hiver ne deviendra Printemps.
Si elle entrave tous nos élans, combien
d'entre nous parviendront à respirer cet air ?

Tu ne vois que ton ombre lorsque tu tournes
le dos au soleil.

Tu es libre face au soleil du jour
et libre face aux étoiles de la nuit.
Tu es libre lorsque il n'y a
ni soleil ni lune ni étoile.
Tu es même libre lorsque tu fermes les yeux
sur tout ce qui nous entoure.
Cependant, tu es esclave de celui que tu
aimes parce que tu l'aimes,
et esclave de celui qui t'aime parce qu'il
t'aime.

Nous sommes tous mendiants à la porte du temple et chacun de nous reçoit sa part de l'aumône du Roi lorsqu'il entre dans le temple et lorsqu'il en sort.

Mais nous sommes tous jaloux les uns des autres, ce qui est une autre manière d'avilir le Roi.

Tu ne peux manger au-delà de ton appétit. La moitié du pain appartient à une autre personne. Il doit toujours en rester un peu pour ce visiteur que l'on n'attend pas.

Si ce n'était pour les invités, toutes les maisons seraient des tombes.

Dit le gracieux loup à la simple brebis :
« Voudriez-vous nous faire honneur en nous rendant visite ? »
Et la brebis de répondre :
« Nous aurions bien honoré votre logis, s'il ne se trouvait dans votre ventre ! »

J'arrêtai mon invité sur le seuil et lui dit :
« Non, ne t'essuie pas les pieds en entrant, mais plutôt en sortant. »

La générosité n'est point d'offrir ce qui ravit mes yeux, mais plutôt de m'offrir la prunelle de tes yeux.

Certes, tu es charitable lorsque tu donnes,
mais évite de rencontrer le regard si timide
de celui qui reçoit.

La différence entre l'homme le plus riche et
l'homme le plus pauvre n'est pas moins
qu'une journée de faim et une heure de soif.

Souvent nous empruntons à nos jours à venir
afin de payer les dettes de nos nuits passées.

Anges et démons me rendent souvent visite.
J'ai vite fait de m'en débarrasser.
Aux premiers, je récite une ancienne litanie,
ils s'ennuient.
Aux seconds, je commets un vil péché, ils
s'enfuient.

Après tout, ceci n'est pas une mauvaise
prison, mais je n'aime pas ce mur entre moi
et mon voisin de cellule.
Je t'assure que je me garde bien d'en faire des
reproches au geôlier ou au Constructeur de
cette prison.

Ceux qui te donnent un serpent alors que tu leur demandes un poisson, n'ont peut-être rien d'autre que des serpents à t'offrir.
C'est donc généreux de leur part.

La tricherie fait parfois réussir, mais toujours elle entraîne au suicide.

En vérité, tu es indulgent lorsque tu pardonnes aux assassins qui n'ont jamais fait couler le sang,
aux voleurs qui n'ont guère dérobé,
et aux imposteurs qui n'ont point menti.

Celui qui peut mettre le doigt sur ce qui sépare le bien du mal est celui-là même qui peut toucher les pans de la toge de Dieu.

Si ton cœur est un volcan, comment espères-tu que fleurissent tes mains ?

Quelle étrange forme du soi indulgent !
Il m'arrive de désirer être et la dupe et la risée de tout le monde,
afin de feindre la joie de ceux qui ignorent que je me laisse duper au centre de leur risée.

Que pourrais-je dire du tyran qui joue le rôle du martyr ?

Celui qui essuie ses mains souillées sur ton habit, fais-lui en don.
Lui, risque encore d'en avoir besoin.
Toi, tu n'en as nul besoin.

Il est dommage que les changeurs de monnaie ne puissent être de bons jardiniers.

De grâce, n'efface pas tes défauts innés par tes vertus acquises.

Je préfère tes défauts, ils ressemblent aux miens.

Combien de fois me suis-je attribué des crimes que je n'ai point commis,
afin que l'autre, en face de moi, ne se sente amoindri.

Même les masques de la vie sont les masques d'un mystère plus profond.

Tu ne peux juger autrui qu'en fonction de la connaissance de toi-même.

Dis-moi, à présent, qui parmi nous est coupable et qui est innocent ?

Il n'est que deux qui puissent briser les lois humaines : le fou et le génie.
Ils sont les plus proches du cœur de Dieu.

Le bon est celui qui se sent à moitié responsable des actions du méchant.

Ce n'est que lorsque tu es poursuivi que tu deviens agile.

87

Dieu, je n'ai point d'ennemis, mais si je dois en avoir un, fais que sa force soit égale à la mienne et que seule la vérité chante victoire.

Ton ennemi sera ton grand ami, lorsque la mort vous emportera.

Un homme pourrait se suicider à force de se défendre.

Jadis, vivait un Homme qui fût crucifié pour avoir été trop aimant et trop aimé.

Vous serez étonnés si je vous disais que je l'ai rencontré trois fois hier :
La première fois, Il priait un policier de ne pas emmener une prostituée en prison.
La seconde fois, Il trinquait avec un marginal.
Et la troisième fois, Il se battait avec les commerçants du temple.

Si tout ce que l'on dit sur le bien et le mal est vrai, alors toute ma vie est faite de crimes.

La pitié n'est que justice amputée.

Le seul qui ait été injuste envers moi est le frère de celui envers qui j'ai été injuste.

Lorsque tu vois un homme conduit en prison, dis en ton cœur :

« Peut-être échappe-t-il à une prison bien plus étroite. »

Et lorsque tu vois un homme ivre, dis en ton cœur :

« Peut-être cherche-t-il à s'échapper de ce qui est pis que l'ivresse. »

A force de me défendre j'ai fini par être haineux, mais si j'étais plus fort, je n'utiliserai pas une telle arme.

Combien sot est celui qui tente de masquer la haine dans ses yeux par un sourire sur ses lèvres.

Seuls peuvent m'envier ou me haïr, ceux qui sont au-dessous de moi.
Or, je n'ai jamais été envié ni haï.
Je ne suis donc au-dessus de personne.
Seuls peuvent me faire des éloges ou me blâmer, ceux qui sont au-dessus de moi.

Or, je n'ai jamais reçu d'éloges ni de blâmes.
Je ne suis donc au-dessous de personne.

Lorsque tu me dis :
« Je ne te comprends pas »,
c'est un éloge dont je suis indigne,
et une insulte que tu ne mérites pas.

Combien cruel suis-je lorsque la vie m'oc-
troie de l'or et je ne te donne que de l'argent
tout en me considérant généreux.

Lorsque tu atteins le cœur de la vie, tu n'es ni moins vil qu'un criminel, ni moins noble qu'un prophète.

Etrange, que tu aies pitié pour ceux qui avancent à petits pas et non pour ceux dont l'esprit est lent,
que tu aies pitié pour ceux qui marchent les yeux éteints et non pour ceux dont le cœur est aveugle.

Il est plus sage pour l'infirme de ne pas briser ses béquilles sur la tête de son ennemi.

Aveugle, celui qui te donne de sa poche ce qu'il peut prendre de ton cœur.

La vie est une procession.
Celui qui marche lentement la trouve trop rapide, il abandonne.
Celui qui marche lestement la trouve trop lente, lui aussi abandonne.

Si le péché devait exister,
certains en commettent en marchant à reculons, sur les traces de leurs ancêtres ;
d'autres en commettent en marchant de l'avant, laissant des traces à leurs enfants.

Le véritable juste est assimilé à tous ceux qui
sont réprouvés.

Nous sommes tous prisonniers, mais certaines de nos cellules sont munies de fenêtres, d'autres ne le sont point.

N'est-il pas étrange de nous voir défendre
plus farouchement nos erreurs que nos
valeurs ?

Si nous devons nous confesser nos péchés, nous rirons les uns des autres pour notre manque d'originalité.

Et si nous devons nous révéler nos bonnes actions, nous raillerons les uns les autres pour la même raison.

L'individu se place au-dessus des lois humaines. Le jour où il commet un crime contre ces mêmes lois, il ne devient ni plus noble, ni moins vil que quiconque.

Gouverner est un accord entre toi et moi. Et combien de fois sommes-nous tombés dans l'erreur ?

Le crime est synonyme de besoin, ou symp-
tôme de maladie.

Est-il une faute plus grave que d'être
conscient de la faute d'autrui ?

Si tu es la risée d'autrui,
tu peux en avoir pitié.
Mais si tu en ris,
tu ne pourras jamais te le pardonner.
Si tu es blessé par autrui,
tu peux oublier la blessure.

4

Mais si tu le blesses,
tu t'en souviendras toujours.
Autrui n'est autre que ton propre être,
plus sensible encore,
habitant un autre corps.

Pure sottise, te voir désireux de faire voler les
hommes de tes propres ailes, alors que tu es
incapable de leur offrir ne fût-ce qu'une
plume !

Un jour, un homme partagea mon pain et
mon vin et s'en alla, se moquant de moi.
Puis il revint en demander, je le rejetai. Et les
anges rirent de moi.

La haine est un cadavre ambulant.
Qui d'entre vous désire être une tombe ?

L'honneur de la victime est de ne pas être
l'assassin.

La tribune de l'humanité s'élève dans le
silence de son cœur, jamais dans le verbiage
de la raison.

Ils me considèrent comme fou,
car je n'échange pas mes jours contre de l'or.

Et je les traite de fous,
car mes jours n'ont pas de prix.

Tu étales or et argent, ébène et ivoire.
Quant à moi, je te livre mon cœur et mon
esprit.
Pourtant, tu prétends que tu es mon hôte et
que je suis ton invité.

Je préfère être le dernier des hommes,
comblé de rêves et de désirs, plutôt que
d'être le plus éminent des hommes, privé de
rêves et tari de désirs.

Celui qui transforme ses désirs en or et en argent n'est-il pas le plus pitoyable des hommes !

Nous aspirons tous à atteindre le sommet des désirs du cœur.

Si celui qui gravit à tes côtés te subtilise sac et besace, il n'en sera que plus chargé. Car la surcharge l'accable et le poids l'incommode. Et lorsque tu le vois peiner dans son ascension, alors que tu es allégé de ce qu'il t'a dérobé, ne ménage pas tes efforts pour l'aider. Ceci augmentera ton agilité.

Tu ne peux juger un homme, car tu ne peux le connaître au-delà de lui-même ; et combien infime est ta connaissance.

Jamais je n'écouterai ce conquérant séduire les cœurs et les esprits de ses sujets conquis.

Libre est l'homme qui porte avec patience le fardeau de la servitude.

Il y a mille ans, mon voisin me dit : « Je hais la vie, car elle n'est que douleur. »
Hier, je passais par un cimetière, et je vis la vie danser sur sa tombe.

Toute lutte dans la vie n'est que chaos qui aspire à l'ordre.

La solitude est une tempête de silence qui arrache toutes nos branches mortes.
Pourtant, elle implante nos racines dans les profondeurs du cœur vivant de la terre vivante.

Un beau jour, je parlai de la mer au ruisseau, et le ruisseau me considéra comme un fabulateur.

Un autre jour, je parlai du ruisseau à la mer, et la mer me considéra comme un diffamateur.

Combien étroite est la vision de celui qui exalte la fourmi affairée bien plus que la cigale chantante.

La vertu la plus sublime dans ce monde est peut-être la plus infime ailleurs.

Ceux qui recherchent le zénith ou ceux qui sondent les profondeurs y parviennent en ligne droite.
Seul le spacieux peut se mouvoir en cercles.

Sans poids ni mesure,
la luciole nous émerveille
aussi bien que le soleil.

Le savoir sans imagination est un abattoir où
les couteaux sont émoussés et les balances
sont déréglées.
Mais que veux-tu, tout le monde n'est pas
végétarien.

Quand tu chantes, sache que l'affamé t'entend avec son ventre.

La mort n'est pas plus proche du vieillard que du nouveau-né ; la vie non plus.

Si tu dois livrer ton cœur, fais-le avec grâce, sinon, garde le silence.
Car tout près de toi, un homme se meurt.

Les funérailles chez l'homme ne seraient-elles pas les fiançailles des anges ?

Une vérité oubliée peut mourir et léguer sept mille vérités pour honorer ses funérailles et élever son mausolée.

En vérité, nous ne parlons qu'à nous-mêmes, mais parfois nous élevons quelque peu la voix, afin que les autres nous entendent.

L'évident est ce qui nous échappe tant que personne ne l'exprime en si peu de mots.

Si la Voie Lactée n'avait pas été en moi, comment l'aurais-je vue ou connue ?

Si je n'étais pas un savant parmi les savants, jamais on ne croirait que je suis un astronome.

Il se peut que la perle soit ce que la mer pense de la coquille.
Le diamant serait-il alors ce que le temps pense de la pierre !

La renommée est l'ombre de la passion élevée dans la lumière.

La racine est une fleur qui dédaigne la gloire.

Point de religion ni de science sans esthétique.

Il n'est de grand homme qui ne se farde de modestie, c'est ainsi qu'il réveille l'oisiveté, bride la folie et enchaîne le suicide.

Combien noble est celui qui ne veut être ni maître ni esclave.

Je refuse de croire que l'homme est modéré, sinon pourquoi assassine-t-il criminels et prophètes ?

La tolérance est l'amour malade de son orgueil.

Toute chenille devient papillon, mais le plus étrange est de voir des éléphants sans défense.

Le désaccord pourrait être le chemin le plus court entre deux opinions.

Je suis flamme et mèche, chacune consume l'autre en moi.

Nous sommes tous avides d'atteindre le sommet de la montagne sacrée.
Notre chemin sera plus court, si nous considérons notre passé comme une carte et non point comme un guide.

Sagesse n'est plus sagesse lorsqu'elle est trop fière pour pleurer, trop sérieuse pour rire et trop pensive pour parler.

Si j'emplis mon puits de toute ta connaissance, suffira-t-il à accueillir ton ignorance ?

Le verbeux m'a appris le silence, le fanatique
la tolérance et le cruel la bonté. Etrange, je ne
leur éprouve guère de la reconnaissance.

Le fanatique est un orateur, sourd comme un
pot.

Le silence des envieux est tumultueux.

Arrivé à la fin de ce que tu dois savoir, tu es
au seuil de ce que tu devras ressentir.

L'excès est une vérité qui s'emporte.

Si tu ne peux voir sans que la lumière ne révèle, ni entendre sans que les voix ne s'élèvent, alors tu ne sauras jamais ni voir, ni entendre.

Le réel est une vérité asexuée.

Tu ne peux rire et être sévère en même temps.

Le roi qui n'a point de royaume et le démuni qui ne sait mendier sont les plus proches de mon cœur.

Un échec timide est plus noble qu'un succès insolent.

Creuse la terre n'importe où, et tu trouveras un trésor.
Mais tu dois creuser avec la foi d'un paysan.

Dit le renard poursuivi par une chevauchée de vingt chasseurs et par une meute de vingt chiens :

« Bien sûr, ils me tueront. Mais combien sots et stupides sont-ils. Il est inutile que vingt renards, montés sur vingt mulets et accompagnés de vingt loups s'évertuent à chasser et à tuer un seul homme. »

La pensée en nous cède à nos lois.
L'esprit en nous n'y cède jamais.

Je suis voyageur et navigateur. Et tous les jours, je découvre un nouveau continent dans les profondeurs de mon âme.

Une femme s'écria :
« Mais bien sûr, la guerre était juste !
Mon fils y est tombé. »

Je dis à la Vie :
« Je désire entendre parler la Mort. »
Et la Vie, élevant la voix d'un ton, me dit :
« Tu l'entends déjà. »

Quand tu auras dévoilé tous les mystères de
la vie, tu aspireras à la mort.
La mort est un autre secret.

Naissance et mort sont les deux visages
les plus nobles du courage.

Mon ami,
toi et moi serons toujours étrangers à la vie,
étrangers l'un à l'autre,
et étrangers à nous-mêmes,
jusqu'au jour où tu parleras et j'écouterai,
ta voix s'élèvera alors dans ma propre voix,
jusqu'au jour où je me tiendrai devant toi,
mon image se mirera alors dans ton image.

Ils me disent :
« Connais-toi, toi-même, et tu connaîtras le
monde entier. »

Et je dis :
« Je ne connaîtrai le monde en moi qu'après avoir connu l'humanité. »

En tout homme résident deux êtres :
l'un éveillé dans les ténèbres,
l'autre assoupi dans la lumière.

L'ermite est celui qui renonce au monde des fragments afin qu'il puisse, sans relâche, jouir du monde entier.

Entre l'érudit et le poète s'étend une prairie
verdoyante.
Si l'érudit la franchit, il devient un sage.
Si le poète la franchit, il devient prophète.

Hier, je vis sur la place du marché des
philosophes qui portaient leurs têtes dans
des paniers et s'écriaient :
« Sagesse ! Sagesse à vendre ! »
Pauvres philosophes !
Ils doivent vendre leurs têtes pour nourrir
leurs cœurs.

Dit le philosophe au balayeur :
« Je te plains. Ta tâche est bien rude et pénible. »
Et le balayeur de lui demander :
« Je vous remercie. Et vous donc, quel est votre métier ? »
« J'étudie le comportement de l'homme, ses caractères et ses tentations », répondit le philosophe.
Alors, le balayeur sourit et, reprenant son balai, lui dit :
« Moi aussi, je vous plains. »

Celui qui écoute la vérité n'est pas moins noble que celui qui la dit.

Nul homme ne peut tracer la frontière entre nécessaire et superflu. Seuls les anges le peuvent, car ils sont sages et songeurs.
Peut-être les anges sont-ils nos meilleures pensées dans l'absolu.

Le prince des princes est celui qui trouve son trône dans le cœur du derviche.

La générosité est de donner plus qu'on ne peut.
La fierté est de prendre moins qu'il ne faut.

En vérité, tu ne dois rien à personne.
Tu dois tout à tout le monde.

Tous ceux qui vivaient dans le passé, vivent
avec nous dans le présent.
Il sied de leur offrir une aimable hospitalité.

Celui qui est toujours avide d'un désir plus
grand
est celui qui vit le plus longtemps.

Ils me disent : « Un oiseau dans la main vaut
dix sur l'arbre. »

Je dis : « Un oiseau et une plume sur l'arbre valent mieux que dix dans la main. »
Cette *plume* que tu brûles d'atteindre est cette vie qui palpite de mille et une ailes ; non, c'est la vie elle-même.

En ce monde, il n'est que beauté et vérité.
La beauté dans les cœurs des amoureux.
La vérité dans les bras des laboureurs.

Une beauté grandiose me conquiert,
mais une beauté plus grandiose m'en libère.

La beauté brille avec plus d'éclat dans le cœur de celui qui la désire que dans les yeux de celui qui la voit.

J'admire l'homme qui me livre son cœur.
J'honore celui qui me dévoile ses rêves.
Mais pourquoi suis-je gêné, et ai-je même quelque peu honte, devant celui qui me sert ?

Jadis, le talentueux était honoré de servir les princes.
A présent, il prétend être honoré de servir les démunis.

Les anges savent que bien des réalistes mangent leur pain à la sueur du rêveur.

L'esprit est souvent un masque. Si tu l'arraches, tu découvriras un génie rebelle ou une intelligence rusée.

Le compréhensif m'attribue la compréhension et l'ennuyeux m'attribue l'ennui. Je pense que tous deux ont raison.

Seuls ceux qui portent un secret dans le cœur peuvent deviner les secrets enfouis en nous.

Celui qui partage tes plaisirs et non pas tes peines perdra l'une des sept clefs du Paradis.

Certes, le nirvana existe.
Il est là, au moment où tu mènes tes brebis au pâturage verdoyant, où tu bordes ton enfant dans son berceau, et écris le dernier vers de ton poème.

Nous choisissons nos joies et nos peines bien avant de les vivre.

La tristesse n'est rien d'autre qu'un mur qui
s'élève entre deux jardins.

Lorsque ta joie ou ta tristesse s'accroît, le
monde rétrécit à tes yeux.

Le désir est la moitié de la vie.
L'indifférence est la moitié de la mort.

La plus amère de nos tristesses d'aujourd'hui
est le souvenir de notre joie d'hier.

127

Ils me disent : « Tu dois nécessairement choisir entre les plaisirs de ce monde et la paix de l'autre monde. »

Je leur dis : « J'ai choisi et les délices de ce monde et la paix de l'autre monde. Car je sais du fond de mon cœur que le Poète Suprême n'a écrit qu'un seul poème, parfaitement scandé et merveilleusement rimé. »

La foi est une oasis dans le cœur qui ne sera jamais atteinte par les caravanes de la pensée.

Lorsque tu dépasses ton propre être,
ton désir réalisé aspire à un désir encore plus ardent,

ta faim rassasiée appelle une faim encore plus
dévorante,
et ta soif étanchée éveille une soif encore plus
haletante.

Si tu révèles ton secret au vent, tu ne dois pas
lui reprocher de le révéler à l'arbre.

Les fleurs du printemps sont les rêves de
l'hiver racontés, le matin, à la table des anges.

Dit le putois à la rose : « Vois comme je
cours vite, alors que tu ne peux ni marcher,
ni même ramper. »

Dit la rose au putois : « O coureur noble et agile, je t'en prie, va-t'en vite ! »

Le lièvre n'est-il pas moins connaisseur en routes que la tortue ?

Etrange que les créatures sans échine aient la carapace la plus résistante.

Avoir le verbe haut n'est point signe d'intelligence. L'orateur n'est guère différent du marchand ambulant.

Sois reconnaissant de ne pas avoir à subir la renommée de ton père ni la fortune d'un oncle.

Mais surtout, sois reconnaissant que personne ne doive souffrir ta renommée ni ta fortune.

Ce n'est que lorsque le jongleur manque d'attraper la balle qu'il me séduit.

L'envieux me loue sans le savoir.

Longtemps tu fus un songe dans le sommeil de ta mère, puis elle se réveilla pour te donner naissance.

Le germe de l'humanité réside dans le désir d'une mère.

Mon père et ma mère désiraient un enfant, ils m'ont mis au monde.
Je désirais un père et une mère,
j'ai enfanté la nuit et la mer.

Certains de nos enfants sont nos justifica-
tions,
mais d'autres ne sont que nos regrets.

Quand la nuit tombe et que tu es aussi
sombre que ses ténèbres, regagne ton lit et
demeure sombre.
Lorsque le jour se lève et que tu es toujours
sombre, lève-toi et, d'une voix décidée,
annonce au jour que tu es toujours sombre.
Inutile de feindre tes sentiments devant le
jour et la nuit, car tous deux se moqueront
de toi.

La montagne voilée dans la brume n'est pas
une colline.
Le chêne dans la pluie n'est pas un saule
pleureur.

Admire ce paradoxe !
Les extrêmes sont plus rapprochés l'un de
l'autre que le milieu ne l'est de chacun.

Lorsque je me tins devant toi, tel un miroir
limpide, tes yeux plongèrent dans les miens
et contemplèrent ton image.
Alors tu me dis : « Je t'aime. »
Mais en vérité, tu t'aimais en moi.

Quand tu prends plaisir à aimer ton voisin, ton amour cesse d'être une vertu.

L'amour qui ne cesse d'exulter se meurt de jour en jour.

Tu ne peux posséder jeunesse et savoir en même temps.
Car la jeunesse est trop passionnée de la vie pour savoir,
et le savoir est trop avide de lui-même pour vivre.

Assis à ta fenêtre, tu regardes les passants. A
ta droite, tu vois une religieuse et à ta gauche
une prostituée.
Et dans ta candeur, tu te dis :
« Combien l'une est noble, combien l'autre
est ignoble. »
Mais si tu fermes les yeux et tends l'oreille,
tu entendras un murmure dans les éthers :
« L'une me recherche en prière et l'autre en
douleur. Et dans l'esprit de chacune se
trouve un havre pour mon esprit. »

Tous les cent ans, sur les collines du Liban,
Jésus de Nazareth rencontre Jésus des Chrétiens. Après de longs entretiens dans l'un des

jardins, chacun reprend son chemin. Et chaque fois, Jésus de Nazareth dit à Jésus des
Chrétiens : « Mon ami, je crains que nous ne
puissions jamais, jamais nous entendre. »

Que Dieu enrichisse les cupides !

Noble est celui qui a deux cœurs : l'un qui
saigne et l'autre qui endure.

Si un homme commet un mensonge qui ne
blesse personne, pourquoi ne pas dire en ton
cœur que la demeure de ses vérités est trop

petite pour ses caprices, et qu'il a dû la quitter pour un espace plus grand.

Derrière toute porte close se trouve un mystère scellé de sept sceaux.

L'attente est l'entrave du temps.

Et si les tourments n'étaient qu'une nouvelle fenêtre qui donne sur l'Est ?

Tu peux oublier celui avec qui tu as ri aux
éclats, mais jamais celui qui a pleuré avec toi
à chaudes larmes.

Certes, le sel contient une force étrangement
sacrée. Sinon, serait-il et dans nos larmes et
dans la mer ?

Pour étancher sa soif bénie, Dieu nous boira
tous, de la goutte de rosée à la larme.

Tu n'es qu'un fragment de ton être géant, une bouche qui crie famine, et une main aveugle qui tend sa coupe vide pour une bouche haletante de soif.

Si tu t'élèves, ne serait-ce que d'un pouce, au-dessus des races, des nations et de ton propre être, tu deviendras alors pareil à Dieu.

A ta place, je ne maudirais pas la marée basse. Le navire est bien équipé et notre Commandant très habile ; c'est toi qui as des haut-le-cœur.

Le désir non atteint nous est bien plus cher que le désir déjà satisfait.

Si tu t'asseyais sur un nuage, tu ne verrais pas les frontières des pays, ni les bornes des champs.
Il est regrettable que tu ne puisses t'asseoir sur un nuage.

Voilà sept siècles, sept colombes blanches prirent leur envol d'une vallée profonde vers les cimes enneigées de la montagne.

Un des sept hommes qui regardaient l'envo-
lée dit :
« Je vois une tache noire sur l'aile de la
septième colombe. »
Aujourd'hui, les habitants de cette vallée
racontent l'histoire de sept pigeons noirs qui
s'envolèrent vers le sommet de la montagne
enneigée.

En automne, je récoltai toutes mes peines et
les enterrai dans mon jardin.
Lorsque avril refleurit et que la terre et le
printemps célébrèrent leurs noces, mon jardin fut jonché de fleurs splendides et excep-
tionnelles.

Mes voisins vinrent les admirer et chacun me dit : « Quand reviendra l'automne, la saison des semailles, nous donneras-tu des graines de ces fleurs, afin que nous puissions les planter dans nos jardins ? »

Quelle misère ! Je tends la main vide aux hommes et ne reçois rien.
Désespoir ! Je tends la main remplie et n'en trouve aucune pour recevoir.

J'aspire à l'éternité, car je retrouverai en elle mes poèmes non écrits et mes peintures non peintes.

L'art est un pas de la nature vers l'Infini.

L'œuvre d'art sculpte la brume.

Même les mains qui tressent des couronnes d'épines valent mieux que les mains inactives.

Nos larmes les plus sacrées ne recherchent jamais nos yeux.

Tout homme est le fils de tout roi et de tout esclave qui aient jamais vécu.

Si l'arrière-grand-père de Jésus avait su ce qui se cachait en lui, émerveillé, il se serait incliné devant lui-même.

L'amour de la mère de Judas pour son fils était-il moindre que l'amour de Marie pour Jésus ?

Trois miracles de notre Frère Jésus demeurent inconnus des Ecritures :

le premier est qu'il était un homme comme vous et moi ;
le deuxième, qu'il avait le sens de l'humour ;
et le troisième qu'il se savait conquérant, bien que conquis.

Toi le Crucifié, tu es crucifié sur mon cœur, et les clous qui percent tes mains transpercent les cloisons de mon cœur.
Demain, l'étranger qui passera devant ce Golgotha, ne saura pas que tous deux avons répandu notre sang en ce lieu.
Il n'y verra que le sang d'un seul homme.

Tu as peut-être entendu parler de la Montagne Sacrée.
C'est la montagne la plus élevée de notre monde.
Si tu atteins le sommet, tu n'auras qu'un seul désir, descendre et être parmi ceux qui vivent dans la vallée la plus profonde.
Voilà pourquoi elle s'appelle
la Montagne Sacrée.

Toute pensée que j'ai emprisonnée dans la parole, force m'est de la libérer par mes actes.

*La composition et l'impression de ce livre
ont été effectuées par l'Imprimerie Bussière
pour les Éditions Albin Michel.*

*Achevé d'imprimer en septembre 1993.
N° d'édition : 13344. N° d'impression : 2220.
Dépôt légal : septembre 1993.*